THE TORTOISE AND THE HARE

Guī Tù Sài Pǎo

龟兔赛跑

Once upon a time, there was a hare and a tortoise. They were good friends. One day, they decided to race each other to see who runs faster.

cóng qián yǒu yì zhī tù zi   hé yì zhī wū guī
从　前，　有 一 只 兔 子 和 一 只 乌 龟

shì hǎo péng you   yǒu yì tiān   tā men jué dìng
是 好 朋 友。 有 一 天，　他 们 决 定

sài pǎo kàn shuí pǎo dé gèng kuài
赛 跑 看 谁 跑 得 更 快。

Many animals heard about the race and they all came to the riverside. The owl, who was invited to be the judge, started the runners off.

hěn duō dòng wù tīng shuō le zhè cì sài pǎo
很多动物听说了这次赛跑，

tā men dōu lái dào le hé biān
他们都来到了河边。

māo tóu yīng bèi yāo qǐng dāng cái pàn
猫头鹰被邀请当裁判，

tā xuān bù bǐ sài kāi shǐ
他宣布比赛开始。

The hare started with his full speed. Although the tortoise was also trying his best, he was soon left behind. He can no longer even see the tail of the hare.

兔子开始的时候使出了全速。

虽然乌龟也尽了全力，

但他很快被落下，连兔子的

尾巴也看不见了。

The hare slowed down.
He saw an ice-cream truck so he stopped
and got a vanilla ice cream.

tù zi fàng màn le sù dù　tā kàn jiàn yí gè
兔子放慢了速度。他看见一个

bīng jī líng chē　yú shì tā tíng xià lái mǎi le
冰激凌车，于是他停下来买了

yí gè xiāng cǎo bīng jī líng
一个香草冰激凌。

Yummy ♡

A Little bee saw it. She said:"hurry, or you will lose the race". But the hare laughed:" Where is the tortoise? I can take a nap now and still win!"

xiǎo mì fēng kàn jiàn le   Tā shuō   kuài diǎn

小蜜蜂看见了。 她说:"快点,

bù rán nǐ huì shū le sài pǎo   dàn shì tù

不然你会输了赛跑"。但是兔

zi dà xiào   wū guī zài nǎ er ne   wǒ jiù

子大笑:"乌龟在哪儿呢? 我就

suàn xiàn zài dǎ gè dǔn yě hái shì huì yíng

算现在打个盹也还是会赢。"

The hare saw a big shade tree on the side of the road. He sat under the tree and fell asleep.

tù zi kàn jiàn le lù biān de yì kē dà shù
兔子看见了路边的一棵大树，

tā zuò zài shù xià shuì zháo le
他坐在树下睡着了。

The tortoise ran slow but had never stopped. He reached the hare and saw him napping under the tree. The tortoise quietly passed the hare.

wū guī suī rán pǎo dé màn dàn shì cóng wèi
乌龟虽然跑得慢但是从未

tíng xià   tā zhuī shàng le tù zi   kàn jiàn tā
停下。他追上了兔子，看见他

zhèng zài shù xià dǎ dǔn   wū guī qiāo qiāo de
正在树下打盹。乌龟悄悄的

chāo guò le tù zi
超过了兔子。

The hare woke up, he happily ran toward the ending and expect cheers from the other animals.

tù zi xǐng lái le　　tā kāi xīn de pǎo xiàng
兔子醒来了，他开心的跑向

zhōng diǎn bìng qī dài zhe lái zì qí tā
终点并期待着来自其他

dòng wù men de huān hū
动物们的欢呼。

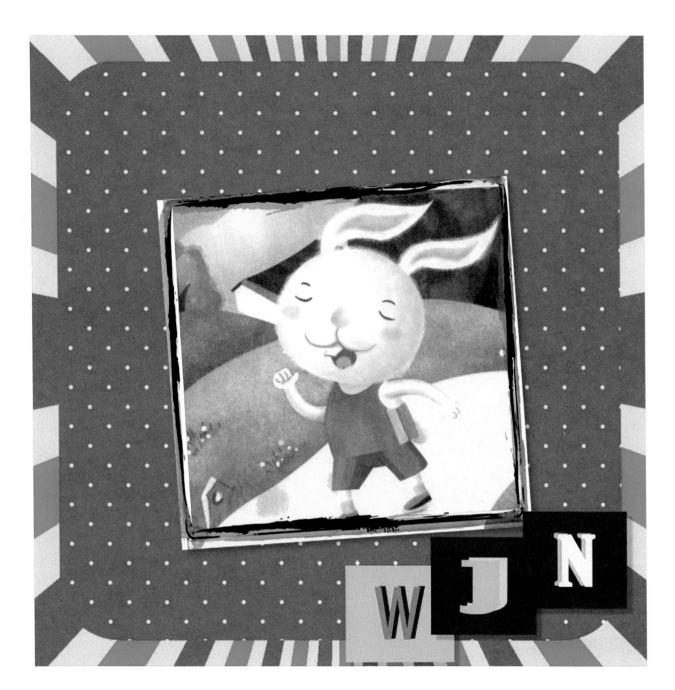

However, when the hare arrived at the finish line, he saw animals were standing with the tortoise who had a big smile on his face.

dàn shì   dāng tù zi dào le zhōng diǎn
但 是， 当 兔 子 到 了 终 点，

tā kàn dào dòng wù mén zhèng hé
他 看 到 动 物 们 正 和

wēi xiào zhe de wū guī zhàn zài yì qǐ
微 笑 着 的 乌 龟 站 在 一 起 。

My
Friends

The hare was very upset that he lost to the tortoise.

tù zi fēi cháng shī wàng tā shū gěi le
兔子非常失望他输给了

wū guī
乌龟。

My little friends, what did we learn from the story?

xiǎo péng you mén　　wǒ mén cóng zhè gè
小朋友们，我们从这个
gù shi zhōng xué dào le shén me ne
故事中学到了什么呢？

Challenge

Can you say these in Mandarin?

1. Animals
2. Friends
3. Race
4. Tail

The End

wán

完

Made in the USA
Middletown, DE
11 December 2021